EL DIARIO DE MIS SOMBRAS

EL DIARIO DE MIS SOMBRAS

Abraza a tu niña interior y crea más espacio para el amor propio

Valerie Inez y Latha Jay

zenith

Título original: *Shadow Work Journal For Self-Love: Powerful Prompts And Exercises To Integrate Your Shadow And Embrace Your Inner Child.*

Publicado en Estados Unidos por Zeitgeist, un sello de Zeitgeist™,
una división de Penguin Random House LLC, Nueva York. penguinrandomhouse.com
Zeitgeist™ es una marca comercial de Penguin Random House LLC

Zenith es un sello editorial de Editorial Planeta, S.A.
Avda. Diagonal, 662-664, 08034 Barcelona (España)
www.zenitheditorial.com
www.planetadelibros.com

Primera edición: abril de 2024
Depósito legal: B. 5.028-2024
ISBN: 978-84-08-28600-4

Impreso en España – *Printed in Spain*

En memoria de mi padre, Jay,
cuya fe en las cosas de las que
yo era capaz
iba más allá de mi propia visión.
—Latha

A mis hijos. Opté por seguir
el camino de la sanación
para daros
la base que merecéis.
—Valerie

SUMARIO

ANTES DE EMPEZAR

El trabajo de sombras es un proceso que consiste en descubrir las partes de ti que intentas ocultar, negar o rechazar y traerlas a tu conciencia. Se trata de encontrar las causas profundas de lo que te retiene y procesarlas para sanar viejas heridas y romper ciclos repetitivos que ya no te sirven.

QUÉ PUEDES ESPERAR DEL TRABAJO DE SOMBRAS

El trabajo de sombras puede suponer un reto, pero el viaje resulta profundamente gratificante. Paso a paso, descubres las partes de ti que mantenías ocultas y las observas. Con el tiempo, aprendes a aceptarlas y comprendes mejor quién eres en realidad. Inevitablemente, este proceso arroja luz sobre las causas profundas del dolor emocional, invita a una sanación renovadora y crea más espacio para el amor propio.

Al hablar de amor propio, nos referimos al profundo aprecio que se logra cuando nos aceptamos plenamente, nos tratamos con amabilidad y apoyamos nuestro crecimiento y bienestar. El amor propio consiste en realizar acciones tangibles que alimentan la mente, el cuerpo y el espíritu.

CÓMO SE UTILIZA ESTE DIARIO

Empieza estableciendo la intención de ser amable contigo cuando te adentres en este territorio desconocido. El trabajo de sombras puede provocar desencadenantes y emociones intensas. Resulta fundamental que trabajes con compasión hacia tu yo pasado y presente. Si te cuesta lidiar con recuerdos del pasado, busca un sistema de apoyo: un amigo íntimo, un profesional de la salud mental o un consejero espiritual, por ejemplo. No es necesario realizar este viaje en soledad.

Este diario te guiará a lo largo del proceso. El capítulo 1 sienta las bases para prepararte para el viaje. La amplia variedad de ejercicios del capítulo 2 te ayuda a identificar tus partes sombrías, observarlas con una conciencia tranquila e iniciar el proceso de escritura del diario. El capítulo 3 te ayuda a profundizar con pautas para el diario que te permitirán conocer mejor tu sombra.

Aquí tienes algunas sugerencias para sacar el máximo partido a este diario:

- Lee el capítulo 1 antes de probar cualquiera de los ejercicios y de escribir el diario y realiza los ejercicios del capítulo 2 antes de pasar al capítulo 3.

- Haz caso a tu intuición. Si no te identificas con un ejercicio, sáltatelo. Si quieres seguir las pautas para el diario del capítulo 3 sin un orden, hazlo. Utiliza este diario de la forma que más te convenga.

- Reserva un espacio en tu agenda para el trabajo de sombras y date permiso para no cumplir cuando lo necesites. Escucha a tu intuición y tu guía interior. Si algo te resulta demasiado incómodo, para, tómate un descanso y regresa más tarde. No hay fechas de entrega y nadie va a calificar tu trabajo. Así, eres libre de ser sin más y de vivir lo que surja.

- Termina cada sesión de trabajo de sombras con al menos un ritual de autocuidado que te estabilice y te centre. Te ayudará a consolidar la sanación que debería tener lugar después de tus sesiones de trabajo de sombras. Creemos firmemente que tratarse con amor, amabilidad y compasión es fundamental en el viaje del trabajo de sombras y los rituales de autocuidado representan una parte importante del proceso.

El trabajo de sombras puede ser un reto, pero compensa porque te lo mereces. Gracias por asumir esta enorme tarea. El hecho de que realices este trabajo supone un hermoso regalo para nosotras y la sociedad. Te vemos, te queremos y te valoramos.

INTRODUCCIÓN

Ambas llegamos al trabajo de sombras en momentos difíciles de nuestra vida y hemos experimentado de primera mano lo transformador que resulta este viaje.

Para mí (Latha), el trabajo de sombras empezó cuando mi intento de mantener las apariencias como estudiante de Medicina pendía de un hilo. Todas las mañanas me despertaba cansada y desanimada. Había invertido tanto tiempo en preocuparme por hacer felices a los demás que me sentía desgraciada. Con el trabajo de sombras, empecé a sanar el dolor de relaciones pasadas y a superar los límites que yo misma me imponía. Aprendí que mi pasión por ayudar a la gente no se reducía a la profesión médica, sino que podía animar a las personas a que se entendieran mejor a sí mismas.

Para mí (Valerie), el trabajo de sombras empezó cuando me di cuenta de que tenía dificultades para gestionar mis emociones; mi primera reacción era casi siempre la ira. Descubrí que ocultaba mucha tristeza y me sentía incómoda conmigo misma. Cuando comencé con el trabajo de sombras, empecé a sentirme más ligera y recuperé el contacto con mi yo auténtico. Me resultaba más fácil escuchar mis propios pensamientos y descubrí una conexión con mi intuición que nunca antes había sentido.

A raíz de nuestras experiencias, hemos guiado a cientos de clientes a través de este proceso transformador. Ahora, estamos encantadas de ofrecerte nuestro apoyo para que recuperes el contacto con tu luz interior y tu verdad, limpies tu energía y elimines las creencias limitantes que te impiden avanzar en la vida. Y recuerda que, mientras trabajamos en nuestra sanación, trabajamos activamente en la sanación del mundo.

1

EL VIAJE DEL TRABAJO DE SOMBRAS

El trabajo de sombras es tan antiguo como la humanidad, pero fue popularizado por el psicoanalista Carl Jung a principios del siglo xx. «Se dice que ningún árbol puede crecer hasta el cielo a menos que sus raíces lleguen al infierno», escribió. Comprender la profundidad de nuestras raíces nos da la estabilidad necesaria para alcanzar nuestros mayores retos y conocer de verdad ese cielo, una vida personal mejor. Este capítulo sienta las bases para que mires bajo la superficie y descubras la profundidad de tus raíces.

LA SOMBRA Y EL YO

Comprender nuestras sombras nos aporta una sensación de control sobre ellas, y eso nos da poder. Ya no dedicamos energía a reprimirlas, algo que resulta agotador y perjudicial; lo que hacemos es dedicar esa energía a conocernos y canalizar ese conocimiento hacia diversas áreas de nuestra vida. Este beneficioso proceso es necesario para liberarnos. La exploración comienza ahora mismo.

Ideas y conceptos básicos

El yo sombra se compone de aquellas partes de ti que rechazas de manera subconsciente. En ese espacio de rechazo se esconde tu sombra, compuesta por aquellos aspectos más oscuros (ni buenos ni malos) de tu subconsciente que permanecen ocultos hasta que decides traerlos a tu mente de manera consciente.

Tu ego es la máscara que llevas y consideras tu identidad o tu personalidad, la cual utilizas para prosperar o sobrevivir. La lucha que sientes a menudo en tu interior es tu ego desafiando aspectos de tu sombra, los aspectos reprimidos de tu identidad.

Las heridas emocionales de la infancia pueden perdurar para siempre y la idea que nos creamos de nosotros mismos surge de los acontecimientos impactantes. Cuando un niño excluye a un compañero de clase por equivocarse durante una intervención, este podría pensar que su voz no importa o no es digna de ser escuchada. Esa idea puede influir en él el resto de su vida, ya que continuará reiterándola y creyéndola. Esa creencia repetida forma una sombra, y esa sombra perdurará y se manifestará en su vida adulta de diferentes maneras: por ejemplo, no se defenderá ante las injusticias, no pedirá un ascenso en el trabajo y no tratará de conquistar a la persona que quiere. Cuando somos capaces de realizar un trabajo de sombras y sanar esas heridas, somos capaces de configurar una nueva creencia más empoderadora sobre nosotros y cambiar nuestra vida.

Las personas tienden a reprimir sus partes sombrías porque les provocan una intensa reacción emocional. Rara vez queremos identificarnos con los sentimientos de culpa, vergüenza o arrepentimiento, y esos sentimientos representan el núcleo de nuestras partes sombrías. Sin embargo, las emociones reprimidas durante mucho tiempo pueden aparecer de muchas otras maneras. El estrés acumulado a lo largo de los años puede manifestarse en forma de enfermedades, ansiedad y otros problemas crónicos. Afortunadamente, comprender esas partes libera las emociones negativas y logra que tu sombra sea menos reactiva, aliviando así el estrés innecesario.

Cómo influye la sombra en nuestra vida

La sombra aparece en tu vida a través de desencadenantes, proyecciones y patrones. Veamos a qué nos referimos.

Un *desencadenante* es un recordatorio de un trauma pasado que provoca una respuesta de lucha o huida. Los desencadenantes se producen como resultado de heridas profundas no resueltas que se manifiestan a través de emociones, como la ira, el miedo y la ansiedad, o de la incapacidad para expresar esas emociones. Imagínalos como mensajeros que nos permiten ser conscientes de lo que tenemos que resolver en nuestro interior. Si una misma persona o experiencia te altera de forma inmediata, pregúntate: «¿Qué necesito abordar dentro de mí en este momento?».

El mundo es un espejo. Tú creas *proyecciones* cuando malinterpretas lo que viene de tu interior como si procediese de fuera. Eso es lo que ocurre cuando atribuyes a otra persona rasgos o emociones tuyos que no te gustan.

¿Alguna vez has percibido que se trata de lo mismo, pero en ocasiones distintas? ¿Un jefe pésimo en todos los trabajos? ¿Relaciones diferentes que acaban de la misma manera? Son *patrones.* Tendemos a crear el mismo escenario indeseable una y otra vez cuando no hemos sanado el dolor que hay detrás o cuando no hemos profundizado lo suficiente como para aprender la lección de ese escenario. En esencia, empezamos a funcionar con el piloto automático cuando permitimos que nuestra sombra dicte nuestra realidad. A ese fenómeno autoinfligido los psicólogos lo denominan «compulsión de repetición».

La integración de nuestra sombra se produce poco a poco con cada minuto, cada experiencia, cada lección. Ocurre cada vez que tienes la oportunidad de respirar hondo, hacer una pausa y reflexionar durante unos segundos antes de reaccionar ante una situación. Cuando sacamos nuestra sombra a la luz y la aceptamos tal como es, con su participación en nuestra realidad, nuestra vida cambia a mejor. Se llama «integración» y sucede cuando aceptamos esas partes propias y las acogemos de verdad.

Trabajo de sombras para cuidar tu amor propio y sanar

Tu sombra quiere ser vista, escuchada y aceptada. Déjala salir a la luz y que sane. Se aferra a los deseos y las necesidades de tu niña interior, que pretende curar viejas heridas de la infancia. El trabajo de sombras te ayuda a que quieras y sanes a tu niña interior. La conexión entre tus partes en sombra, tu niña interior y quien eres en el presente te ayuda a que sientas que te quieren y te aceptan como un ser completo.

No podemos ser luz si mantenemos a otros en la oscuridad, incluidos nosotros mismos. En otras palabras, no podemos ser luz si mantenemos aspectos nuestros en la oscuridad. No obstante, el camino hacia el amor propio no siempre es amor y luz. Durante el viaje interior, resulta habitual tener altibajos, pero es normal que algunos días sean más duros que otros. Déjate llevar por el flujo de esos días y permítete estar plenamente presente durante el viaje.

El trabajo de sombras te ofrece una sanación increíble, y de ella llega la fuerza. Nos sentimos mejor después de realizar este tipo de trabajo, con mayor equipación y capacitación para ver nuestro crecimiento. En ocasiones, resulta más fácil pensar en sanar una sombra como si se tratase de una herida física, no emocional. No puedes llegar muy lejos con un esguince de tobillo, pero en cuanto está curado ya puedes correr.

Y lo que es más importante: la sanación es diferente para cada persona. No existe un plazo fijo ni unas expectativas rígidas que cumplir. No obstante, la sanación (el hecho de llegar de verdad a un punto en el que te sientes mejor) requiere dedicación, tiempo y una total vulnerabilidad. Tú eres tu propia brújula interior durante este proceso y la única persona que puede medir tu crecimiento y tu sanación.

CÓMO SE REALIZA EL TRABAJO DE SOMBRAS

Puedes empezar el trabajo de sombras en cualquier momento en que sientas que cuentas con la preparación para ello o sientas la llamada a hacerlo. El trabajo de sombras no requiere ninguna herramienta o material, pero puedes tomar varias medidas antes de empezar para que este viaje te resulte más cómodo.

Pautas útiles

Considera el trabajo de sombras como una forma de autocuidado. Establece las condiciones para que este trabajo sea cómodo y significativo para ti. Asegúrate de cuidarte antes de cuidar a otras personas para mostrar al mundo tu mejor versión. Recuerda que este trabajo te beneficia principalmente a ti, pero sus maravillosos resultados también beneficiarán a tus seres queridos.

Date un tiempo y un espacio

Para empezar, crea una rutina sagrada que te resulte sencilla y natural. Reserva un momento del día en el que nadie te moleste para centrarte en el trabajo de sombras. Toma una manta agradable, enciende tu vela o tu incienso favorito y busca un lugar cómodo. Dedica este tiempo a centrarte únicamente en este viaje de sanación. Nuestra recomendación es una hora diaria, pero también servirá si solo puedes dedicar quince minutos; aprovecha al máximo el tiempo del que dispongas. Haz lo que puedas, pues no hay más expectativas que las que te impongas. Muéstrate amabilidad y cariño.

Confía en el poder de la conciencia plena

Cuando empiezas a profundizar en ti y vas entendiendo tu sombra poco a poco, entras en un estado de conciencia plena. Tomas conciencia de quién eres y de los aspectos de tu sombra que dominan tu realidad. Con esa conciencia, llega el poder de elección. Puedes optar por seguir permitiendo que tu sombra permanezca sin control en la oscuridad o puedes enfrentarte a ella directamente, darle amor y traerla a la luz de tu conciencia. Brinda a tu sombra el espacio para existir dentro de ti, pero reconoce que tú no eres la sombra, sino la conciencia que sabe cuándo aparece la sombra.

Practica siempre la autocompasión

La autocompasión es tan importante como la conciencia. Cuando te tratas con compasión, eres capaz de llegar más lejos en tu viaje con el trabajo de sombras. Si te cuesta ver las partes malas o feas de tu sombra sin sentir vergüenza o culpa, o juzgarte, recuerda que todos las tenemos. Solo tú puedes evaluar tu sombra. Sustituye la autocrítica por amor, perdón y comprensión.

Crece con valiente sinceridad

El trabajo de sombras requiere una sinceridad absoluta, pero no siempre es fácil. Cuando contemplas el trabajo que tienes por delante, puede parecer abrumador e inaccesible. Por favor, ten en cuenta que el miedo a realizar este trabajo requiere más energía que el propio trabajo; el miedo es agotador.

Cuando te adentres en el trabajo de sombras, encontrarás el ritmo que mejor se adapte a ti y el miedo se esfumará. Verte como un ser completo y contemplar todas las partes requiere integridad.

No eres un ser roto, no hay nada que arreglar. El trabajo de sombras te permite vivir tu vida con más paz, libertad y capacidad de elección en todas las situaciones. Esa libertad llega con la sinceridad, y las recompensas bien merecen los retos pasajeros a los que tendrás que enfrentarte. Cuando vives dentro de los límites de tu sombra, creados por ti, esta aplasta tu capacidad de ser quien realmente eres, en plena expresión personal, y te rechazas constantemente. Cuando estallas una y otra vez, proyectas tus emociones y repites patrones negativos, estás viviendo una vida limitada y agotadora. El progreso y el éxito de tu viaje merecen el breve periodo de malestar que sentirás cuando te enfrentes a lo que eres con total sinceridad. Al otro lado se encuentra la libertad.

El trabajo de sombras paso a paso

Las sombras de cada persona son distintas y el viaje para abrazar el propio yo es único. Las actividades del trabajo de sombras y las pautas pueden variar dependiendo de dónde busques, pero el proceso general del trabajo de sombras con este libro será más o menos así:

Conecta con la tierra y céntrate

Conectar con la tierra te ayuda a estar plenamente presente en tu cuerpo, en contacto tanto con la seguridad de la tierra como con la tuya propia.

Conectar con la tierra antes de comenzar el trabajo de sombras te ayudará a centrarte, estar en equilibrio y tener un estado de ánimo más positivo. Así, responderás mejor al mundo que te rodea en lugar de reaccionar ante él. Existen muchas maneras de lograrlo, como, por ejemplo, meditar, pasar tiempo en la naturaleza y practicar yoga.

Diario con ejercicios y pautas

Después de leer las instrucciones y las pautas, tómate el tiempo necesario para asimilarlas. Puedes seguir las pautas en el orden en que se presentan o saltar de una a otra para buscar las que te atraigan en cada momento.

No existe una forma correcta de responder las preguntas. Lo que se te ocurra es lo que necesita fluir en ese momento. Si te atascas, prueba a escribir palabras relacionadas con una posible respuesta o incluso garabatea un momento. Si no eres capaz de redactar oraciones completas, escribe una lista de palabras o expresiones. Incluye todos los detalles que quieras o, si te resulta más cómodo, plasma pensamientos generales. No tienes que intelectualizar lo que escribes ni tratar de etiquetarlo.

El trabajo de sombras no requiere que revivas recuerdos o traumas pasados de forma deliberada, pero pueden surgir cuando te adentres en un tema. Si algún recuerdo te abruma, haz una pausa, respira hondo y vuelve a centrarte. Ahora estás aquí. Si esto te supera o te desanimas, date espacio para sentir esas emociones y procesarlas. Busca el apoyo de un amigo de confianza, un familiar o un terapeuta.

Es importante que sientas las emociones que surjan y las liberes. Eres un ser humano y los sentimientos representan una parte importante de tu existencia. Sin embargo, si no tienes la capacidad de continuar con una tarea de trabajo de sombras porque te resulta demasiado intensa, cierra el libro y aléjate. ¡Este es tu viaje! Mantén tus límites cuando lo necesites y también la disciplina en los momentos en que te sientas capaz de hacerlo.

Procesa e integra

Es importante que reflexiones y te des cuenta de lo que ocurre para que proceses lo que va surgiendo y lo integres. Tienes que sentirlo para sanarlo. No puedes pasar por encima o por debajo de una emoción, sino atravesarla directamente y procesarla por completo. Cuando atraviesas una emoción, estás creciendo gracias a ella.

Ten en cuenta que no hay emociones buenas ni malas, sino que todas son válidas. Aprender a procesarlas de manera sana lleva su tiempo, por lo que date el espacio y el tiempo necesarios para gestionar aquellas que surjan y aprender a entenderlas. Tras años reprimiéndolas, incluso es posible que te cueste sentir algo.

Las emociones son mensajeras que nos ofrecen información vital sobre lo que debemos hacer. Piensa que son como perlas de sabiduría interior que pueden guiarte en tu viaje, así que muestra curiosidad cuando aparezca alguna. Recuerda que aquí no se juzga a nadie. Este es tu viaje hacia la paz interior y la libertad. Presta atención a tus reacciones emocionales porque serán reveladoras. El trabajo de sombras es un proceso que dura toda la vida. Con el paso del tiempo, se van creando las sombras, pero con esta información podemos procesarlas e integrarlas a medida que avanzamos.

Concluye con autocompasión

La autocompasión es vital para el trabajo de sombras. Aunque el amor y la amabilidad deberían estar presentes durante todo el proceso de trabajo de sombras, el hecho de dedicar un rato a la autocompasión al finalizar el día puede ayudarte a sentir estabilidad y completitud y a entender mejor lo ocurrido. Sin embargo, incluso así es posible que salgas de una sesión de trabajo de sombras sintiendo cierto enfado, decepción o malestar. ¡Y es normal! Ya hemos pasado por eso. Tómate un tiempo para reubicarte: respira hondo unas cuantas veces, céntrate y asimila tus emociones. Muestra compasión con aquello que sientas.

Rituales complementarios de autocuidado

Los rituales complementarios de autocuidado te ayudarán a mantener tu compromiso con el trabajo de sombras y la conexión con el motivo por el que estás cultivando tu amor propio, incluidas tus partes en sombra. El autocuidado implica cuidar tu mente, tu cuerpo y tu alma, porque te lo mereces.

El hecho de volver a conectar contigo a través de cualquiera de los siguientes rituales te permite reconectar con tu corazón y con el motivo por el que vas a embarcarte en este viaje. Te recomendamos encarecidamente que sigas cualquiera de estos rituales de autocuidado para aliviar parte del dolor que surja al descubrir tus verdades ocultas y, en general, cuando termines una sesión de trabajo de sombras.

Medita para conectar y centrarte. La meditación también te ayudará a liberar energía cuando sientas emociones intensas y a procesarlas, así como a discernir la causa de un desencadenante.

Conecta con la naturaleza saliendo al aire libre. Deja que el sol te dé en la cara. Escucha el mundo que te rodea. Percibe el aroma de la tierra. Observa la vida vegetal o animal.

Conecta con tu energía pisando la tierra con los pies descalzos o tumbándote en el suelo. Esto ayuda al cuerpo a reconectar eléctricamente con la naturaleza. En esencia, contribuye a resetear tu sistema.

Comparte momentos con tu(s) animal(es) de compañía. La interacción con tus mascotas, si las tienes, alivia la ansiedad y el estrés. Además, fomenta una actitud desenfadada.

Disfruta de la vida más allá de las pantallas. El teléfono es útil en muchos aspectos, pero también te roba muchísima energía. No mires el móvil nada más acabar el trabajo de sombras. Establece momentos periódicos para dejarlo a un lado y disfrutar de la vida sin más.

Sumérgete en la música. Escucha tu lista de reproducción favorita, baila y canta. Cantar es una manera fenomenal de conectar con tu voz.

Come algo delicioso. La comida proporciona consuelo, calor y amor. Dedícate ese gesto amable y disfruta de algo que te encante comer. Tómate tu tiempo para saborearlo y expresa tu gratitud a la comida por nutrir tu cuerpo.

Juega y diviértete. Haz algo que te haga reír o te aporte alegría. Recuerda lo que se siente al volver a la infancia y estar plenamente presente y meterse de lleno en momentos que provocan risa y despreocupación.

Comprométete a establecer límites saludables. En ocasiones, el trabajo de sombras revela la necesidad de reforzar los límites. En esos casos, comprométete a establecer un límite o varios y visualízate haciéndolo o practica lo que dirás para fijarlo.

Mueve tu cuerpo de cualquier forma que te haga sentir bien. Haz pesas, sal a correr o baila al ritmo de tu música favorita. Tu cuerpo es una máquina increíble que necesita movimiento para liberar la energía estancada. Haz que tu corazón lata y que tu sangre fluya.

Duerme una siesta o acuéstate pronto. El sueño es fundamental para tu estabilidad emocional y tu estado de ánimo. Resulta habitual ignorarlo porque parece que otras cosas son más importantes, pero necesitas dormir para recargarte. Acuéstate pronto o échate una siesta.

Destina tiempo para ti en tu agenda semanal. Tómate un tiempo para priorizarte, planifica algo que te encante hacer y comprométete a hacerlo.

Practica yoga. El yoga te recuerda que solo compites contra ti. Te ayuda a reconectar la mente y el cuerpo conectando con la tierra y centrándote.

Escribe un diario sin hacer caso a tu voz interior crítica. Lo que escribas está bien. Deja que las palabras fluyan en la página. La práctica titulada «Páginas matutinas» (creada por Julia Cameron) te permite escribir libremente y te anima a que dejes que las palabras salgan de ti cada mañana en cuanto te despiertes. También puedes realizar este ejercicio después de una sesión de trabajo de sombras.

Practica la gratitud. Fíjate en las cosas buenas y aprécialas. Exprésate gratitud. Enumera entre cinco y diez cosas que creas que debes agradecer.

Organiza algo. Ya sea el correo electrónico o los cosméticos, el hecho de ordenar algo genera calma interior o relajación.

Limpia y purifica tu espacio. Somos seres energéticos que interactuamos con otros seres energéticos, algo que resulta especialmente obvio cuando realizamos un trabajo de sombras. Limpia tu espacio de la manera que te resulte más cómoda para lograr un ambiente de paz y armonía.

Toma un baño relajante. Un baño caliente te ayuda a conectar y resulta muy reconfortante. Enciende una vela, llena la bañera de burbujas y vierte en el agua unos pétalos de rosa o lo que te apetezca.

Aprende algo nuevo. Lee algunas páginas de un libro que te interese, investiga sobre un tema que despierte tu curiosidad o escucha un pódcast interesante.

Bebe agua. Mantener la hidratación hace que el cuerpo funcione como debe ser. Beber agua a lo largo del día ayuda a que todo fluya mejor. Después del trabajo de sombras, es una forma excelente de renovarse.

Disfruta de tu película favorita. Ponte una película que te haga reír o que te cause nostalgia de la infancia. Prepárate algo sano para picar y relájate.

Ponte algo bonito. Arréglate, con independencia de lo que eso signifique para ti. Cuando tenemos buen aspecto, nuestra energía interior cambia un poco.

Conecta con los demás. Contacta con alguna persona querida, alguien que se alegre de estar contigo (no que se limite a tolerarte) y que desprenda el tipo de energía que quieres cerca.

Di afirmaciones. Las afirmaciones diarias cambian tu estado de ánimo al reprogramar tu subconsciente poco a poco. Ten unas cuantas en mente para decir después de tu sesión de trabajo de sombras y a lo largo del día.

2

EJERCICIOS Y ACTIVIDADES

Los ejercicios y las actividades de este capítulo te ayudarán a acceder a tu sombra, procesarla e integrarla. No dudes en empezar por los que te resulten más accesibles, sáltate aquellos con los que no te identifiques y repite todas las veces que quieras los que te resulten especialmente útiles.

HAZ TRABAJO DE ESPEJO

El trabajo de espejo, una poderosa práctica en la que te miras en un espejo, es una forma directa de enfrentarte a tu sombra. Es posible que aparezcan creencias limitantes, miedos y dudas, así como aspectos de tu sombra que te repugnen. Asegúrate de tratarte con compasión durante esta práctica y después de ella.

1. Siéntate o permanece de pie en una postura cómoda cerca de un espejo.
2. Mírate a los ojos durante dos o tres minutos y, mientras tanto, repite mentalmente o en voz alta una afirmación compasiva. La autora motivacional Louise Hay animaba a decir «Te quiero» durante el trabajo de espejo. Si te resulta demasiado difícil, prueba con «Que pueda quererme en el futuro». Utiliza la afirmación positiva con la que más te identifiques.
3. Mientras repites la afirmación, percibe qué pensamientos y emociones aparecen. Siente lo que surja en ese momento y permanece presente.

PAUTAS PARA EL DIARIO: ¿Qué pensamientos han surgido? ¿Qué emociones han surgido? ¿Cómo te sientes ahora? ¿Has descubierto algo sobre ti durante esta sesión de trabajo de espejo? En caso afirmativo, ¿qué ha sido?

Desafía las creencias limitantes

Desafiar tus creencias limitantes, aspectos sombríos tuyos, constituye un poderoso ejercicio de entrenamiento de tu mente para que elija un camino distinto. La práctica regular de este ejercicio cambiará considerablemente tu forma de pensar, al ayudar a tu cerebro a crear nuevas vías neuronales, lo que favorece tu bienestar y tu crecimiento.

1. Dibuja tres columnas en un papel y asigna a cada una los títulos «Creencia limitante», «Cómo me afecta» y «Pensamiento desafiante».
2. En la primera columna, enumera tus creencias limitantes. Dos ejemplos serían «Nadie me querrá nunca» y «No hay nada que se me dé bien».
3. En la segunda columna, indica cómo te afecta cada creencia. Por ejemplo, «Como no siento que merezca amor, me cuesta conectar con la gente» y «No pruebo cosas nuevas porque creo que fracasaré».
4. En la tercera columna, desafía esas creencias. Una posibilidad consiste en escribir lo contrario de tu creencia limitante; por ejemplo, «Merezco amor. Cuando me muestro como realmente soy, atraigo a las personas que me quieren» y «Se me dan bien algunas cosas y puedo probar algo nuevo sin preocuparme de si se me dará bien o no».

PAUTAS PARA EL DIARIO: Cuando piensas en una creencia limitante, ¿en qué parte de tu cuerpo la sientes?, ¿por qué crees que la sientes ahí? ¿Qué emociones están asociadas a esa creencia limitante? ¿Cómo se relaciona la creencia limitante con esas emociones?

ESCRIBE UNA CARTA A TU YO MÁS JOVEN

Resulta habitual que las versiones más jóvenes de nosotros mismos continúen viviendo con miedo, por lo que necesitan ser vistas, escuchadas, validadas, amadas y cuidadas. Puedes conectar con tu niña interior y solucionar un problema escribiendo una carta.

1. Piensa en ti durante la infancia. Identifica un momento en el que te habría venido bien algún consejo o ayuda.
2. Empieza tu carta con un «Querido yo más joven» o céntrate en una determinada edad o etapa de tu vida; por ejemplo: «Querido yo de siete años».
3. Con total vulnerabilidad y sinceridad, dirígete a tu versión más joven. Dale el consejo que necesitabas en aquel momento. Comparte cualquier pensamiento del que tu versión más joven se habría beneficiado.
4. Describe cómo habrían cambiado las cosas para ti al recibir ese consejo en aquel momento tan importante de tu vida.
5. Expresa empatía por tu versión más joven y termina tu carta con amor.

PAUTAS PARA EL DIARIO: ¿De qué manera, si es que hay alguna, permites que tu niña interior se exprese libremente como una parte querida y cuidada de tu ser? ¿Mantienes a tu niña interior en la sombra? Si es así, ¿por qué? ¿Qué pasaría si tu niña interior tuviese la libertad de expresarse plenamente?

Haz trabajo de sueño

El trabajo de sueño, el proceso de escribir tus sueños y analizar su significado, te ayuda a investigar aquellos aspectos sombra que mantienes ocultos. Cuanto más lo practiques, más fácil te resultará recordar tus sueños y aprender de ellos.

1. Ten un diario junto a la cama y proponte recordar tus sueños.
2. Cuando te despiertes, escribe todo lo que recuerdes.
3. En tu diario, responde las siguientes preguntas:
   - ¿Qué personas, lugares o acontecimientos recurrentes aparecen en tus sueños? ¿Qué emociones te provocan? ¿Qué crees que simbolizan?
   - ¿Ofrecen tus sueños una solución metafórica a un problema o una situación de tu vida? (Las páginas web y los libros sobre interpretación de sueños te ayudarán en este punto).
   - ¿Qué representan los personajes de tus sueños? ¿Qué características son importantes para ti?

PAUTAS PARA EL DIARIO: Describe un sueño o una pesadilla inquietante. Si el malestar o el miedo que sentiste era real, ¿qué tendrías que hacer para afrontarlo y superarlo?

RELLENA LOS ESPACIOS EN BLANCO

Este ejercicio te ayuda a explorar lo que está oculto para que vivas más en línea con tu verdadero yo.

1. Rellena los espacios en blanco con el primer pensamiento, palabra, emoción o imagen que se te ocurra. No hay respuestas correctas o incorrectas.

2. Cuando acabes, relee el párrafo entero y fíjate en qué emociones te provoca.

Cuando siento enfado o frustración, me lanzo a ________ para afrontarlo. Si eso no está a mi alcance, me siento ________. Llevo ________ años siguiendo ese patrón de conducta. Cuando era más joven, veía que mis cuidadores ________ cuando se sentían molestos o frustrados. ________ me da una sensación de calma. Me cansa sentirme ________ y ________. Quiero probar ________ para ayudarme cuando me siento así. Durante mi infancia, me decían ________. Oír eso durante tantos años ha hecho que me sienta ________. Eso ha repercutido en mi vida al ________. Tengo miedo de ________. Sé que me merezco ________ y ________.

PAUTAS PARA EL DIARIO: ¿Qué patrones de comportamiento aprendiste de tus cuidadores, familiares, amistades o de la sociedad que no aportan valor a tu vida? ¿Cómo estás repitiendo esos ciclos negativos?

PRACTICA LA ESCRITURA REFLEXIVA

Este ejercicio te permite reflexionar sobre ciertos aspectos de tu vida con el fin de sacar emociones ocultas a la superficie para examinarlas. Al tomarte esta pausa para deshacer tu maraña de pensamientos y otorgarles un nuevo significado, redirigirás tu energía y darás nuevos pasos alineados con tu futuro.

1. Plantéate cada una de las siguientes preguntas. Hazlo en orden y anota las respuestas en tu diario.
    - ¿Qué siento en este momento?
    - ¿Qué más siento?
    - ¿Qué hay en mi vida que me hace sentir así?
    - ¿Cómo afectan estos sentimientos a mi vida?
    - ¿Deseo seguir sintiéndome así? En caso negativo, ¿qué puedo hacer para transformar estos sentimientos y superarlos?
    - La próxima vez que me sienta así, ¿qué puedo hacer para mejorar mi estado de ánimo?

PAUTAS PARA EL DIARIO: Cuando te falte inspiración o sientas confusión o desorientación, fíjate en cómo te tratas. ¿Con amabilidad o dureza? ¿De qué manera te expresas libremente?

Desata tu creatividad

Los niños son creadores naturales, pero muchos de nosotros dejamos de lado esa naturaleza creativa al llegar a la edad adulta en favor de acciones que produzcan algo con un valor externo. En este ejercicio, no necesitas producir nada para nadie más que para ti. Deja que tu niña interior se exprese con total libertad. No hay reglas ni restricciones. Incluso puedes ensuciarte si te apetece. Si esta actividad te resulta terapéutica, practícala con regularidad.

1. Dedica un mínimo de treinta minutos a crear algo.
2. Piensa cómo te gustaba crear y qué te aportaba felicidad en tu infancia.
3. Elige un medio creativo (arcilla, pintura, rotuladores o lápices, por ejemplo) y prepara los materiales.
4. A continuación, simplemente crea lo que se te ocurra.

PAUTAS PARA EL DIARIO: En la infancia, ¿qué querías ser de mayor? Cuando soñabas con ello, ¿cómo te sentías? ¿Por qué te alegraba ese sueño? Piensa en cómo creas alegría en tu vida. Si no dedicas tiempo a la alegría en tu día a día, ¿qué te lo impide?

MEDITA

La meditación complementa el trabajo de sombras porque te ayuda a mantenerte estable en medio de la agitación exterior e interior. Aunque la meditación en sí misma no persigue ningún objetivo, te ayuda a responder a lo que te rodea en lugar de dejar que actúe como un desencadenante. No meditamos para ser buenos haciéndolo, sino para ser buenos en la vida. La meditación puede ser tan simple como respirar; esta en particular incluye el uso de una frase o mantra para concentrarse.

1. Busca un lugar tranquilo y siéntate en una silla o en el suelo con la espalda recta y la cabeza erguida, como si mantuvieses una corona en equilibrio. Resulta más recomendable sentarse en una superficie firme que en la cama o el sofá, donde es más probable dormirse.

2. Elige una frase corta o un mantra con el que te identifiques y que te aporte paz. Un mantra estupendo es «so ham», que significa 'yo soy'. Nos recuerda que somos mucho más que nuestra sombra.

3. Programa entre diez y veinte minutos con un temporizador y cierra los ojos. La aplicación Insight Timer va muy bien.

4. Respira con normalidad y repite tu frase o mantra para tus adentros. A medida que vayan surgiendo pensamientos, percíbelos sin reaccionar y vuelve a centrar tu atención en la frase o mantra tantas veces como sea necesario hasta que suene el temporizador.

PAUTAS PARA EL DIARIO: ¿Qué frase o mantra has elegido? ¿Por qué te aporta paz? Durante la sesión de meditación, ¿qué pensamientos o sentimientos han surgido? ¿Qué sombras estás trabajando en este momento?

ESCRIBE UNA CARTA A TU YO FUTURO

Dirigirte a tu yo futuro te permite enviar amor, gratitud y aceptación a esa versión de ti, independientemente de lo que logres. Aprovecha este momento para cultivar el amor propio ahora y en el futuro.

1. Empieza tu carta con un «Querido yo del futuro» o dirígete a una edad o etapa concreta de tu vida.

2. Describe lo que te ocurre actualmente. ¿Qué crees que debes agradecer? ¿Cuáles son tus inseguridades y preocupaciones? Hazlo con sinceridad y detalle.

3. Describe tus objetivos actuales y futuros. No te limites a un camino específico y da las gracias a tu yo futuro por todo lo que ha logrado. Tu versión futura tiene infinitas posibilidades en función de tus elecciones presentes.

4. Describe dónde ves a tu yo futuro. ¿En qué aspectos eres diferente? ¿Cuál es el logro del que sientes más orgullo? Presta atención si dudas de ti o sientes inferioridad, miedo, ansiedad o pesimismo. Sigue expresando amor y gratitud hacia tu yo futuro.

5. Lee tu carta en voz alta. ¿Cómo se sentirá tu yo futuro al leerla?

6. Guarda la carta en un lugar seguro y ponte un recordatorio para leerla dentro de un año, por ejemplo, o de más tiempo.

PAUTAS PARA EL DIARIO: ¿Qué reticencias o dudas has tenido al escribir la carta o leerla? ¿Qué pasos puedes dar para lograr una versión más segura y poderosa?

CONVERSA CON TU SOMBRA

Tu voz es tu conexión con el mundo exterior. Cuando hablas libremente, puedes expresarte sin tapujos. ¿Alguna vez has dicho o hecho algo que pareciese fuera de lugar? ¡Era una parte de ti en sombra! Este ejercicio te permite conectar con esos aspectos tuyos y comprenderlos a través de una conversación interior con tu sombra.

1. Abre la mente y reflexiona sobre aquello que te gustaría preguntarle a tu sombra. Por ejemplo, piensa en alguna ocasión en la que reaccionaste de un modo que no era propio de ti. ¿Qué aspectos de tu personalidad te parecen difíciles de conservar? Puedes preguntarle a tu sombra todo aquello que te despierte curiosidad.

2. Espera la respuesta de tu sombra. ¿Qué te viene a la cabeza después de plantear tu pregunta?

3. Mantén el diálogo con tu sombra todo el tiempo que necesites para obtener una respuesta clara.

4. Anota las respuestas en un cuaderno o haz una grabación de voz. Después de sacar estos aspectos a la luz de tu conciencia, puedes integrarlos y reconciliarte con ellos en lugar de convertirlos en enemigos. ¡Darse cuenta de ello es la clave!

PAUTAS PARA EL DIARIO: ¿Qué parte de tu personalidad ocultas al mundo? ¿Te muestras como tu yo auténtico o te pones una máscara ante determinadas personas o entornos? ¿Por qué lo haces?

Choca los cinco con el espejo

A la autora Mel Robbins se le ocurrió el hábito de chocar los cinco cuando estaba en su peor momento. Se trata de tomarnos unos segundos para apreciarnos a nosotros mismos en lugar de señalar lo malo o lo que nos gustaría que fuese distinto (por ejemplo, tener demasiadas arrugas, no estar lo bastante delgados o tener demasiados defectos). Cuando empiezas la jornada chocándote los cinco, esa voz que te juzga calla durante un momento y te da libertad para centrarte en otra cosa. Quizá te parezca una tontería, pero pruébalo cada día durante dos semanas y comprueba cómo te sientes.

1. Por la mañana, después de levantarte, mírate al espejo.
2. Con una expresión agradable en la cara, choca los cinco contigo.

VARIACIÓN

1. Pega una foto tuya de la infancia en el espejo.
2. Cuando te levantes por la mañana y empieces el día, mira la foto y hazle un cumplido, dale amor, tírale un beso o choca los cinco.
3. Si te viene a la mente algo negativo, mira la imagen y pregúntate: «¿Le diría algo así?». Ten un gesto amable, como chocar los cinco.

PAUTAS PARA EL DIARIO: Enumera tres cosas que te gusten de tu cuerpo y detalla por qué. ¿Cómo puedes mostrar más aprecio por tu cuerpo?

IDENTIFICA TUS DESENCADENANTES

Al identificar quién y qué provoca nuestros desencadenantes, nos resulta más fácil gestionar cómo reaccionamos ante las emociones fuertes. Cuando superes ese desencadenante, ese aspecto en sombra dejará de tener el control.

1. Elige un desencadenante para explorarlo y responde a las siguientes preguntas con amabilidad y compasión hacia ti:
   - ¿Quién o qué te provoca ese desencadenante?
   - ¿Cómo reaccionas cuando experimentas esa emoción? ¿Te cierras? ¿Gritas? Detállalo.
   - ¿Desde cuándo te sucede? ¿Cuándo fue la primera vez que experimentaste este desencadenante?
   - ¿Has observado algún patrón en este desencadenante, ya sea de tu pasado o al ver a otros miembros de tu familia reaccionar igual?
   - ¿Cuál sería una forma más sana de gestionar tus emociones cuando aparece este desencadenante?
   - ¿Cómo puedes superar este sentimiento?
   - ¿De qué otra forma responderías si este desencadenante no te afectase?
2. Termina este ejercicio conectando tu energía con la tierra. Da un paseo o corre al aire libre, camina con los pies descalzos por la hierba o medita para volver al momento presente.

PAUTAS PARA EL DIARIO: ¿Albergas rencor o resentimiento hacia una persona o un acontecimiento en particular? Si es así, explícalo. ¿Cómo te sentirías si ese resentimiento ya no te afectase?

CRITICA A LOS DEMÁS

Expresa libremente tus juicios y opiniones sobre los demás en voz alta y en un entorno seguro. Hazlo a solas para estar plenamente presente con esos pensamientos sin tener que reprimirte. Decir tus críticas en voz alta te ayuda a comprender mejor qué aspectos juzgas tanto de otras personas como propios.

1. Resérvate entre cinco y diez minutos en los que puedas estar a solas y nadie te oiga.
2. Durante ese tiempo, expresa tus juicios en voz alta. Desinhíbete por completo durante este proceso.
3. Piensa en distintas personas, grupos o tipos de gente. Identifica lo que sientes en cada caso. ¿Qué emociones te surgen? ¿En qué consisten tus críticas?
4. A continuación, dale la vuelta. Pregúntate si alguna de esas críticas o juicios refleja lo que sientes respecto a ti.

PAUTAS PARA EL DIARIO: ¿Cómo reflejan tus opiniones sobre los demás lo que piensas de ti? ¿Juzgas tu cuerpo, tus emociones, tus conductas o tus actos? En caso afirmativo, ¿por qué?

SÉ INÚTIL

Destina un rato cada día a ser literalmente inútil. No es necesario producir el cien por cien del tiempo. Date espacio y tiempo para sentarte y descansar sin juzgarte y con total compasión por ti como ser humano.

1. Saca algo de tiempo para la improductividad, ya sea un día, un fin de semana entero o unas horas.

2. A la hora fijada, sumérgete por completo en la experiencia de ser inútil.

3. Date este tiempo para descansar, desconectar y relajarte. En esta parte tú decides; haz lo que te apetezca siempre y cuando no esté relacionado con el trabajo o con producir. No olvides que el objetivo es ser inútil.

4. Si surge algún juicio sobre la improductividad, cuestiona esa voz interior crítica. ¿Qué te hace pensar que no hacer nada no está bien?

PAUTAS PARA EL DIARIO: Describe cómo te sientes cuando los demás están ociosos o cuando piensas que no están haciendo nada productivo con su vida. ¿De qué manera respetas tu propia energía y dedicas tiempo a descansar y recargar las pilas?

DIBÚJATE

Ha llegado el momento de desplegar tu creatividad y crear tu autorretrato. Toma papel y utensilios de dibujo o la tableta con tu aplicación de arte favorita. También puedes pintar o utilizar recortes de revistas. Emplea el método que prefieras.

1. Dibuja cómo te ves, lo que sientes, lo que ves cuando te miras en el espejo.
2. Para ayudarte a concretar, hazte preguntas del tipo «¿Cómo viste esta persona?», «¿Cómo se comporta?», «¿Cómo habla?», «¿Qué piensa?».
3. Revisa tu trabajo a medida que avanzas para ver si te falta algún aspecto y añádelo como prefieras.
4. Cuando consideres que el retrato está completo, evalúa tu dibujo. ¿Qué te transmite sobre ti?

PAUTAS PARA EL DIARIO: ¿Qué partes de ti dejas que se vean y expresas plenamente? ¿Qué partes intentas ocultar? ¿Cómo ilustra tu autorretrato esos aspectos tuyos?

Pasa tiempo de calidad a solas

Pasar tiempo a solas no solo es una forma maravillosa de cuidarte; además, es una estupenda manera de que afrontes los desencadenantes que provocan que sientas soledad, abandono, vulnerabilidad, baja autoestima, que no te quieren, etcétera. El tiempo en soledad buscada, sin distracciones de otras personas, ruidos o conversaciones, te permite verte. Utiliza ese tiempo para ocuparte de ti y de tus necesidades.

1. Pasa tiempo de calidad a solas. Puedes programarlo en tu agenda, elegir una noche del fin de semana o simplemente dedicarte un rato cuando tengas ganas.
2. ¡Haz planes solo para ti! Elige algo que te guste hacer, como cocinar, cuidar el jardín, darte un baño o pasear por la naturaleza. Las opciones son prácticamente ilimitadas.
3. Cuando estés a solas, busca intencionadamente estados de ánimo intensos. Si te apetece reír, hazlo con ganas. Si te apetece una buena sesión de llanto, desahógate. No se trata de juzgarte ni de odiarte, sino de tomar conciencia de las sensaciones que te despierta el hecho de pasar tiempo a solas.

PAUTAS PARA EL DIARIO: ¿En qué te pones en último lugar? ¿En qué situaciones priorizas tus objetivos, deseos y anhelos? ¿Cómo esperas que te traten los demás? ¿Cómo te tratas tú?

TEN PODER FÍSICO

En tu viaje de sanación, resulta fundamental que encuentres formas de establecer límites, proteger tu paz y sentir seguridad en ti. Si alguna de estas cosas te resulta difícil, quizá te convenga realizar movimientos físicos que te ayuden a sentir más fuerza y poder para enfrentarte a los aspectos de tu sombra que no te permiten mostrar esas conductas empoderadoras. Esa sensación de protección física se extenderá a otras áreas de tu vida. Si padeces alguna limitación que conviene tener en cuenta, consulta con un profesional sanitario.

1. Decide qué tipo de movimientos físicos te gustaría probar (por ejemplo, puñetazos, patadas, empujones o levantamiento de pesas). Sirve cualquiera que requiera mover el cuerpo con fuerza y potencia.

2. Busca vídeos en YouTube u otras fuentes en línea que enseñen la manera correcta de realizar los movimientos.

3. Mientras practicas los movimientos, mantente totalmente presente en tu cuerpo. Visualízate ocupando tu espacio en el mundo y defendiendo con decisión tus límites y a ti.

4. Mientras te mueves, percibe si experimentas agresividad, resentimiento, ira, reserva o aprensión. Observa si esas emociones afectan a tu capacidad de participar en este ejercicio.

PAUTAS PARA EL DIARIO: ¿En qué ámbitos y con qué tipo de personas te cuesta mantener los límites? Explica cómo es sentir poder y seguridad en tu propia piel.

3

Pautas para una exploración profunda

Las pautas para el diario de este capítulo te ayudarán a explorar tus partes en sombra y a cultivar un conocimiento propio más profundo, e incluso pueden hacer que te enamores de ti. Explora cada una de ellas en el orden que te apetezca. No hay una forma correcta de hacerlo; deja que tu intuición te guíe hacia lo que necesitas tratar durante la sesión de trabajo de sombras. Para sacar el máximo partido de estas pautas, has de mostrar sinceridad plena.

OBJETIVOS DEL TRABAJO DE SOMBRAS: ¿Qué es lo que más deseas obtener del trabajo de sombras? ¿De qué manera se transformará tu vida gracias a él?

PETICIÓN DE AYUDA: Explica cómo te sientes cuando pides ayuda a alguien. ¿Qué tiene de fácil o de difícil?

BÚSQUEDA DE APOYO: ¿A qué tipo de personas acudes en busca de apoyo? Si nadie se siente identificado con tus problemas, ¿qué opinas de buscar ayuda profesional?

APOYO SOCIAL: Valora tu círculo social en función de la cantidad de amor y apoyo que percibes. ¿Sientes un apoyo total en esas relaciones o existe algún vínculo débil? ¿Cómo puedes introducir cambios?

EL YO AUTÉNTICO: ¿Qué sientes cuando muestras tu yo auténtico con los demás? En tus relaciones más estrechas, ¿qué partes de ti revelas u ocultas?

AMOR U ODIO: ¿Con qué tipo de personas sientes que puedes ser realmente tú? ¿Sacan aspectos de ti que te gustan o que detestas? Explica cómo te ayudan a serte fiel, incluso aunque revelen partes de ti que no te gustan.

DISFRACES: ¿Ante quién o qué grupos de personas te disfrazas para sentir que encajas? ¿Qué oculta tu disfraz? Describe por qué te avergüenzas de esos aspectos.

AUTOACEPTACIÓN: ¿Te aceptas con todo lo que eres? Si no es así, ¿qué partes de ti te resultan muy difíciles de aceptar?

VOZ INTERIOR: ¿Tu voz interior es amable o crítica? ¿Qué te dice en un día normal? ¿A quién te recuerda esa voz interior (padres, profesores, compañeros, etcétera)?

TRAICIÓN: ¿Cuándo has sentido la mayor traición? ¿Cuántos años tenías? Explica la situación y cómo te afectó.

RUPTURA DE PROMESAS: ¿Cuál es la mayor promesa que te hiciste y no cumpliste? ¿Por qué la rompiste? ¿Cómo te sientes al respecto? ¿Qué habría cambiado si hubieses cumplido tu promesa?

CULPA: Expón una ocasión en la que hayas culpado a alguien de algo que saliese mal. ¿De qué aspectos de esa situación podrías haber tenido parte de responsabilidad?

CULPABILIZACIÓN DE LA VÍCTIMA: ¿Te culpas por un trauma que has experimentado? En caso afirmativo, ¿por qué?, ¿alguien te echó la culpa?, ¿cuál fue su razonamiento?

VISIÓN POSITIVA DEL CUERPO: ¿Te sientes a gusto con tu cuerpo? Enumera tus diez mejores rasgos físicos. Si quisieras cambiar algo de ti, ¿qué sería y por qué?

LÍMITES: ¿Qué nuevo límite deberías establecer para proteger tu bienestar? ¿Cómo mantendrás ese límite contigo y con los demás?

DESAFÍOS: ¿Cuál es el aspecto más desafiante de tu vida en este momento? ¿Qué estás aprendiendo de esa situación? ¿Cómo puedes crecer con ella?

VALENTÍA: Describe a alguien que consideras valiente. ¿Qué hace que lo sea? ¿Cómo puede ayudar e inspirar a los demás tu propia valentía?

RECUERDOS DE VACACIONES: ¿Cuáles son tus recuerdos más destacados de las vacaciones en tu infancia? ¿En su mayoría, los clasificarías como positivos o negativos? ¿Por qué?

NECESIDADES: ¿Qué necesitabas durante la infancia, pero nunca recibiste? ¿Por qué lo necesitabas? ¿Por qué no lo recibiste?

COMPARACIÓN: En general, ¿te sientes menos, igual o mejor que los demás? Profundiza en esta cuestión explicando por qué crees que te sientes así.

VALORES: ¿Qué es lo más importante para ti en la vida? ¿Qué te apasiona desde el punto de vista moral? Indica si vives tu vida en consonancia con esos valores. ¿Te rodeas de personas con los mismos valores? ¿Por qué o por qué no?

VALORES DE LOS CUIDADORES: ¿Qué valoraban tus padres o cuidadores durante tu infancia? ¿Mantienes esos valores hoy o han cambiado? ¿En qué sentido?

GRATITUD: ¿Qué crees que debes agradecer? Piensa en los últimos días e indica de cinco a diez cosas que te hayan hecho feliz o te hayan gustado, por pequeñas que sean.

EMOCIONES: ¿Qué emociones evitas sentir más a menudo y por qué? ¿Con cuáles te identificas más y por qué?

FRACASO Y ÉXITO: ¿Qué significa para ti el fracaso?, ¿y el éxito? ¿Cuándo fue la última vez que sentiste que habías fracasado?, ¿y que habías triunfado?

AFRONTAMIENTO DEL FRACASO: Piensa en algo en lo que hayas fracasado y que te haya provocado vergüenza. ¿Qué hizo que esas circunstancias fuesen tan terribles? Si vieses a alguien fallando en lo mismo, ¿qué le dirías para que se sintiera mejor?

MIEDO: ¿En qué áreas de tu vida permaneces en un segundo plano o actúas con miedo? ¿Por qué lo consientes? ¿Cómo puedes cambiar esa situación?

PERDÓN: Sin contactar con ella, piensa en una persona de tu pasado a quien puedas perdonar. Recuerda que perdonar no significa que apruebes nada de lo que hizo o no hizo. ¿Qué le dirías para liberarte del resentimiento?

AUTOCRÍTICA: ¿Qué es lo peor que te has dicho? ¿Cómo puedes repararlo? ¿Qué actos de amor propio puedes poner en práctica en tu vida?

AUTOPERDÓN: ¿Qué necesitas perdonarte? ¿Por qué has estado aferrándote a eso? ¿Cómo te sentirías si te liberases de esa vergüenza o culpa?

RASGOS HEREDADOS: ¿Cuáles son los peores rasgos que has observado en tu familia?, ¿y los mejores? Explica cómo te hacen sentir. ¿Tú también los tienes?

INJUSTICIA: ¿Dices lo que piensas ante la injusticia o la confrontación? ¿Por qué sí o por qué no? ¿Qué sentirías si hicieses lo contrario?

GESTIÓN DEL DOLOR: ¿Cómo gestionas los acontecimientos negativos y las experiencias dolorosas de la vida? ¿Qué has hecho al respecto? ¿Qué cambiarías de tu forma de afrontar el dolor en el futuro?

PREGUNTAS SIN RESPUESTA: ¿Qué pregunta tenías en la infancia a la que nunca te dieron una respuesta real? ¿Te sigue rondando? ¿Qué pasaría si tuvieses la respuesta?, ¿pasarías página?, ¿por qué sí o por qué no?

SOLEDAD: Explica el momento en el que hayas sentido más soledad y aquel en el que hayas sentido más conexión. ¿En qué se parecen o se diferencian esas situaciones?

AMOR: ¿Cuál es tu definición del amor? ¿Te muestras este tipo de amor a ti? Si no es así, describe tu versión del amor propio.

AMOR PROPIO: ¿En qué área de tu vida no te tratas con amor? ¿A qué se debe? ¿Cómo se trataría a sí misma una persona que se quiere?

SALUD MENTAL: ¿Qué es lo primero que notas en ti cuando te das cuenta de que tu salud mental se está resintiendo? ¿Qué apoyo te proporcionas en esos momentos?

IDEAS EQUIVOCADAS: ¿Qué idea equivocada tiene la gente sobre ti? ¿Cómo te sientes al respecto? ¿Por qué crees que te ven así?

MALENTENDIDOS: ¿Qué podrías malinterpretar sobre el comportamiento de algunas personas contigo? ¿A qué otras razones podrían obedecer sus comportamientos?

AUTOESTIMA: Explica cómo influyen el estatus y los ingresos en tu autoestima. Si no le das importancia a la economía, ¿qué otras cosas refuerzan tu autoestima y cómo puedes fomentar esos sentimientos positivos?

DINERO: ¿Cómo ha influido la relación de tu familia con el dinero en tus ideas sobre ganar dinero, gastar y ahorrar? ¿Tu perspectiva va más en línea con la escasez o con la abundancia? Si es con la escasez, ¿cómo podrías cambiar ese punto de vista?

CAPRICHOS: ¿Qué fue lo último que te compraste solo porque te apetecía? ¿Cómo te hizo sentir esa compra? Si pudieses comprarte lo que quisieras, ¿qué sería?

SECRETOS ECONÓMICOS: ¿La gente debería hablar abiertamente sobre lo que gana? ¿Por qué sí o por qué no? ¿Tus padres o cuidadores mantenían sus ingresos en secreto contigo o con los demás? ¿Cómo influyó esa postura en tu actitud hacia la economía personal?

VERGÜENZA ECONÓMICA: ¿Te resulta vergonzoso reconocer que quieres más dinero o que lo necesitas? En caso afirmativo, explica por qué te avergüenza la idea de no tener suficiente dinero.

TRANSPARENCIA ECONÓMICA: Relata alguna ocasión en la que quisiste demostrar a alguien que tenías dinero (o que no tenías suficiente y pasabas por dificultades). ¿Querías alardear o simplemente mencionarlo? ¿Qué te impulsó a hacerlo?

PENSAMIENTOS NEGATIVOS: ¿Con qué pensamientos negativos estás alimentando tu subconsciente? ¿Cuál es el origen de cada uno de ellos? Propón algunos pensamientos positivos para sustituirlos.

EMOCIONES DOLOROSAS: ¿Qué sientes cuando experimentas emociones dolorosas? Indica si tienes dificultades a la hora de procesar tus emociones y experiencias.

COMPLACENCIA: ¿Te gusta complacer a los demás? ¿De qué manera te prodigas con los demás, pero no contigo? ¿Por qué lo haces?

CUIDADO PERSONAL: Explica cómo te cuidas. Cuando te tomas un tiempo para ti, ¿cómo te sientes antes, durante y después?

SENTIMIENTOS POSITIVOS: Indica detalladamente qué personas, experiencias y compromisos te han provocado sentimientos, energías y emociones positivos en los últimos doce meses.

ARREPENTIMIENTO: Imagina por un momento que estás al final de tu vida. ¿De qué te arrepientes más? Piensa en las posibilidades que tienes de cambiar y acabar con esos motivos de arrepentimiento.

LÍMITES EN LAS RELACIONES: ¿Estableces unos límites saludables en tus relaciones? ¿A cuáles de ellas les vendría bien tener unos límites más firmes? Explica cómo respetas o no los límites de los demás.

CONDUCTAS DESAGRADABLES: ¿Cuándo fue la última vez que te comportaste de manera cruel o hiriente? ¿Por qué lo hiciste? ¿Hiciste algo para cambiarlo? ¿Qué puedes hacer hoy para sacarle una sonrisa a alguien?

FIN DE RELACIONES: ¿Qué relaciones ya no te convienen? ¿Qué pasaría si las terminases?

LIBERACIÓN: ¿Qué pensamiento, creencia, conducta, situación u objeto físico ya no te resulta útil? ¿Te librarías de ello? ¿Por qué o por qué no?

REPARENTALIZACIÓN: ¿De qué manera puedes autorreparentalizarte hoy? Dicho de otro modo, ¿cómo puedes satisfacer las necesidades de tu niña interior que quedaron sin satisfacer en la infancia? ¿Cómo se sentiría tu yo más joven si lo hubiesen tratado así?

RECUPERACIÓN: ¿Qué necesitas para reponerte? ¿Cómo te recuperas después de un día de trabajo duro?, ¿y después de sufrir algún daño físico?, ¿y después de una discusión?

RESPONSABILIDAD: ¿Qué conductas maduras y responsables estás mostrando en tu camino de sanación y crecimiento?

VULNERABILIDAD: ¿Te permites ser vulnerable en tus relaciones?, ¿por qué sí o por qué no? ¿Hasta qué punto eres vulnerable en tus relaciones amorosas?, ¿y en tus relaciones de amistad?

PRIORIZARSE: ¿De qué manera te pones en último lugar?, ¿por qué? ¿Cómo sería ponerte en primer lugar?, ¿qué pasaría si lo hicieras?

SUPERACIÓN PERSONAL: ¿Qué aspectos propios te gustaría mejorar y por qué? ¿Alguien te ha sugerido alguna vez que deberías intentar mejorar en ese aspecto? En caso afirmativo, ¿cómo te sentiste?

AMABILIDAD PROPIA: ¿Cómo te castigas? Piensa en formas de ser más amable contigo.

AMOR INMERECIDO: ¿Crees que no mereces que otras personas te quieran o que te quieras tú? ¿Qué medidas puedes tomar para tener una autoestima sana? ¿En qué cambiaría tu vida si sintieras que sí mereces que te quieran?

SEXUALIDAD: ¿Te consideras una persona sexual o te avergüenzas de tu sexualidad o tus deseos? Explica por qué.

VERGÜENZA: ¿En qué momentos de tu vida has sentido más vergüenza?, ¿qué la provocó?

CUALIDADES NO DESEADAS: ¿Cuáles crees que son las peores cualidades que una persona puede tener? ¿Recuerdas alguna ocasión en la que hayas mostrado esas cualidades?

CONDUCTAS TÓXICAS: ¿En qué situaciones muestras demasiada negatividad o manipulas a las personas? ¿Cuándo provocas dramas? Explica la última vez que tuviste algún tipo de conducta tóxica en tus relaciones estrechas y cómo te sentiste después.

FRASES DESENCADENANTES: ¿Qué frase te haría saltar y reaccionar al instante de manera negativa? ¿Por qué te produce ese efecto?

CUALIDADES DESENCADENANTES: ¿Qué cualidades tienen en común las personas, situaciones o cosas que te alteran? ¿Tienes tú alguna de esas cualidades? Recuerda que solo nos molesta aquello que forma parte de nuestra sombra.

DEBILIDAD: ¿Qué te hace sentir débil?, ¿pedir ayuda, ser incapaz de alcanzar un objetivo o alguna otra cosa? Haz una lluvia de ideas sobre el origen de ese sentimiento.

LECCIONES PROPIAS: ¿Quién te enseñó quién eras en tu infancia? ¿Se parece a la idea que tienes sobre ti en la actualidad?

VALÍA: ¿Qué es lo que desencadena en ti el sentimiento de no dar la talla o ser menos que los demás? ¿A qué crees que se debe?

ACONTECIMIENTOS NEGATIVOS: ¿De qué manera podrían afectar los acontecimientos negativos del pasado a tus relaciones actuales? ¿Qué medidas puedes tomar para rectificar esa situación y abordar tus relaciones desde una perspectiva más positiva?

TU YO FUTURO: ¿Qué estás creando para tu yo futuro? ¿Cuánto dinero quieres ganar? ¿Cómo sería tu relación más íntima? ¿En qué tipo de entorno vivirías? ¿Cómo son tus redes de apoyo?